Die Kunst, sich über Wasser zu halten

Adolf Born's Traumreisen

Adolf Born's *Traumreisen*

Dokumente einer touristischen Lust

Kommentiert von Lothar Kusche,
genüßlich vor den Augen des Publikums
ausgebreitet vom Gerstenberg Verlag

Gerstenberg Verlag

Die Kunst, Reisebekanntschaften zu machen

setzt kein wie auch immer geartetes Studium voraus und ist überhaupt nicht erlernbar. Unvoreingenommenheit, fröhliche Bereitschaft und eine gelöste Haltung gegenüber den Neuheiten und Geheimnissen der Welt sollte man mitbringen. »Ich ging im Walde / So für mich hin / Und nichts zu suchen, / Das war mein Sinn«, dichtete Goethe, und er gab seinen Versen die Überschrift »Gefunden«. Der klassische Herr wußte nämlich Bescheid.

Wer sucht, was er schon kennt, fällt meistens auf die Nase wie Kurt Tucholskys Landsmann, »der nach vierwöchigem Aufenthalt das Wort der Worte über Paris gesprochen hat. Dieses: ›Paris – wat is denn det für ne Stadt! Hier jibts ja nich mah Schockeladenkeks –!‹«

Mit freiem Kopf und offenen Sinnen aber kann man Reisebekanntschaften machen: mit allerlei Leuten und Tieren, Wolken und Wäldern und seltsamen Fabelwesen, zu denen auch viele interessante Damen gehören, welche – beispielsweise – nicht nur Giacomo Casanova, sondern auch Adolf Born immer wieder bezaubert haben.

Exotisches Tier

und ein Geometer

Paradies-Luftfahrt

Flug

bei jedem Wetter

Ausgelassener Flug

Landschaft mit einem phlegmatischen Kater

Philosophischer Nachmittag

Verdorbene Katze

Vergnügung in der Natur

Gewöhnlicher Nachmittag

eines Fauns

Späte Liebe

Gelungener Auftritt von Ersatzartisten

Ziemlich gelungener Auftritt

Perfekter Trick

Harlekin

mit einer lange nicht getragenen Maske

Verliebter Harlekin

Versuchung

eines Gärtners

Im Nestchen

Entführung

Solo

für einen Faun

Schweres Leben einer Tierbändigerin

Kutsche aus einer Silvesternacht

Die Brautfahrt

Lustiger

Abend

Jagd

Es wird behauptet, daß ein gewisser Herr (dessen Name hier aus diplomatischen Gründen nicht genannt sein soll) über das höchst seltene Talent verfügt, in fahrenden Schlafwagen wirklich zu schlafen.

Der Herr wurde nach seinem Tode, der ihn im Schlafwagen im Schlaf überrascht hatte, von dem Diplom-Formgestalter Harold Houser jun. künstlerisch ausgestopft und kann als »The Herr Murmel-Tier« im Britischen Museum, London W.C.1, täglich von 10 bis 17, sonntags von 14.30 bis 18 Uhr besichtigt werden (U-Bahn-Station: Tottenham Court Rd.).

Der Zugführer, unschwer an seinem rotledernen Schultergurt zu erkennen, darf notfalls die Polizeigewalt ausüben. Jener aber, der (den Reisenden unsichtbar) tatsächlich am Hebel sitzt, ist der Lokführer: Man merkt es ganz deutlich, wenn er scharf bremst.

»Chausseekellner« nannte man früher jene freundlichen, von Berufs wegen etwas plattfüßigen freundlichen Leute, welche Kaffee, Würstchen und dergleichen durch die Gänge der Schnellzüge schleppten. Heute räumen sie nur noch die leeren Flaschen fort – eine Frage der Pfandasie.

In vier Sprachen ist »die Benutzung des Kabinetts während des Aufenthaltes auf den Stationen verboten«.

Die Benutzung des Kabinetts ist auch während der Fahrt nicht zu empfehlen.

Die Kunst,
mysteriöse Ungeheuer zu entdecken

-: »Verzeihen Sie! Ist dieser nette alte See das sogenannte ›Loch Ness‹?«

-: »Im Prinzip ja. Hier allerdings erblicken Sie das ›Loch Lehmann‹.«

-: »Auch gut. Verfügen Sie hier über irgendwelche seit 1777 immer noch nicht näher erforschten Ungeheuer von der Art der lieben alten Nessie?«

-: »Selbstverständlich. Dazu haben wir diesen Teich ja angelegt. Bei vollem Neumond können Sie hier unseren lieben Lehmie beobachten – falls Ihnen ein volltransistorisiertes Laser-Spektralglas zur Verfügung steht, welches Sie gegen Entrichtung von 2,3 Pfund Dollar bei mir ausleihen müßten.«

-: »Innigsten Dank, verehrter Herr Kollege... äh...«

-: »Dracula. Herbert Dracula, zu Ihren Diensten. Falls Sie jetzt das Bestien-Okular umschnallen wollen ... Da! Da!! Da kommt er! Der mit den zwei runden Höckern am oberen unteren Ende! Lehmie!! Alte Pfeife! Mach mal winke-winke für den Onkel hier!«

-: »Erlauben Sie mal, Kollege Dracula! Das ist doch nicht Lehmie, sondern unser Nachbar Svatopluk Schell aus der Germanen-Promenade 73/74. Svati versucht seit Jahren, nachträglich seine Schwimm-Erlaubnis der Stufe III zu erwerben. Bisher ist ihm das nicht gelungen, weil er nie genügend gesellschaftliches Altmaterial im Jahresdurchschnitt sammeln konnte. Außerdem hat S. Schell doch nicht zwei runde Höcker am oberen unteren Ende, sondern nur einen relativ eckigen, und den in der Mitte. Aber das gehört gar nicht hierher.«

-: »Sie haben ja so recht, guter Mann! Nehmen Sie einem verdienten älteren Vampir im Rentnerstand den kleinen Irrtum nicht übel. Wie konnte ich Lehmie nur mit dem Bürger Svatopluk Schell verwechseln! Meine Zähne sind auch nicht mehr die besten. Und mein Stereonokel habe ich verlegt. Beziehungsweise es befindet sich in der Reparatur, und dort hat man es verlegt. So trübt sich des Schimären-Wärters feuchter Blick!

Natürlich wird Lehmie erst morgen wieder auftauchen, weil er ja heute den ungeheuer arbeitsfreien Ungeheuer-Samstag durchführt. Gerade deshalb sollten Sie schon jetzt unseren Prospekt für nur 31,55 Mark erwerben! Greifen Sie zu: Die Schrift ist exquisit in altes Schuhkarton-Leder gebunden und gilt als international geschätztes Souvenir wegen ihres auskochbaren Wasserzeichens ...«

Venedig

Hiddensee

Großes tragisches Abenteuer

Es war einmal ein Mann, der machte sich eines schönen Tages auf den Weg, um die Welt kennenzulernen und viele aufregende Abenteuer zu bestehen. Zunächst reiste er in die Sächsische Schweiz. Unglücklicherweise hatte er gefütterte Handschuhe mitgenommen, und zu jener Zeit war es in der Sächsischen Schweiz verhältnismäßig warm. So trug der Mann die Handschuhe statt auf den Händen in diesen, und plötzlich merkte er, daß er einen Handschuh verloren hatte. So ein Ärger! Zwar konnte der Mann, da es warm war, sowieso keine gefütterten Handschuhe gebrauchen, aber dennoch kränkte ihn der Verlust des einen Handschuhs, an den er ständig durch den zweiten Handschuh erinnert wurde, der noch da war und den fortzuwerfen er sich nicht zu entschließen vermochte.

Der Mann reiste von der Sächsischen Schweiz noch nach Ungarn, Feuerland, Pitschen-Pickel (Kreis Luckau), Sizilien, Brasilien, Nowaja Semlja, Neuseeland, Stregda bei Eisenach und in viele andere Gegenden. Überall erzählte der Mann den Leuten die Geschichte von dem gefütterten Handschuh, den er in der Sächsischen Schweiz verloren hatte. Das Interesse, mit dem man seinen Bericht in der Welt aufnahm, war graduell verschieden.

»Wie gefällt Ihnen Tblissi?« wurde der Mann in Georgien gefragt. »Nun ja«, antwortete er, »sehen Sie sich nur einmal diesen gefütterten Handschuh an. Den anderen, der auch gefüttert war, habe ich in der Sächsischen Schweiz verloren. Nein, so etwas! Man erlebt allerhand, wenn man unterwegs ist!«

Und wenn er nicht gestorben ist, erzählt er heute noch dieselbe Geschichte. Falls er aber gestorben ist, so hat er wohl vieles gesehen und doch nicht gesehen, denn das wahre große und tragische Abenteuer seines Lebens war der Verlust eines gefütterten Handschuhs in der Sächsischen Schweiz. Und darüber vergaß er alles andere und nicht selten – was zuweilen angenehm sein kann – auch sich selbst.

Noah & Comp.

Die Kunst, sich über Wasser zu halten

Noch nie ist jemand aufs Meer gefahren, um nichts zu tun. Dieser Sport blieb den Gelegenheitsseglern vorbehalten. In Wirklichkeit ist es so, daß das Meer bestimmte, festumrissene Aufgaben stellt: es gilt Indien zu entdecken oder Fische zu fangen.

Martin Kessel

Wasser ist bekanntlich ein Lebenselement. Der Mensch, sagt man, besteht zu großen Teilen aus Wasser. Ist er inwendig besonders stark von Körpersäften (sogenannten Humores) durchströmt, so wird ihm Humor nachgerühmt. Verfügt er aber über Humor, so wird er auch dieses Kapitel gefahrlos bereisen können. Humor ist bekanntlich ohne Phantasie nicht denkbar, und mit dieser erschaffen wir uns alle erforderlichen Boote und Ballons – damit wir nicht untergehen.

Merke: Auf und über dem Wasser ist das Rauchen erlaubt.

Merke: Wer trinkt, ertrinkt nicht.

Jonas

Verlassene Tiere

Ausflug bei regnerischem Wetter

Exotisches Gärtchen

Ein Raubtier

Gefährliche Tiere

Italienischer Nachmittag

Aufregende Jagd

Touristin,

mit einem Tritonen kämpfend

Eine krabbenverseuchte

Landschaft

Wie man eine Meeresjungfrau fängt

Abendkonzert

Katzen aus Venedig

Begegnung in Skandinavien

Ausflug

nach Venedig

Insel

voller Tücken

Unerforschte Insel

Castel dell Ferro (Spanien)

Minori (Italien)

Der in Kreuzworträtseln als »aromatisches Getränk« gefragte Tee darf nicht mit jenem Sud verwechselt werden, der in Restaurants unter dem gleichen Namen verkauft wird.

In vino veritas. Im Wasser ist Chlor.

Flüssige

Reisebegleiter

Eine immer wieder überraschende Erfahrung für wandernde Stadtbewohner: daß frisches Quellwasser wirklich wie Wasser schmeckt.

Der Oasen-Gastronom Ali Ben Strutzke ging neulich pleite: Er hatte auf Wasser gebaut. Es kam aber keins zum Vorschein.

Umweltschutzbewußte Touristen sollten das italienische Sprichwort »Vedi Napoli e poi muori« vorsichtshalber umdichten in: Neapel sehen, aber vorher sterben.

In Karlovy Vary kann man unter zwei Getränken wählen: Becher-Bitter oder Mühlbrunnen. Der Becher-Bitter ist ziemlich teuer, der Mühlbrunnen kann kostenlos genossen werden. Beide Getränke sind annähernd gleich bitter und verwandeln den Stuhlgang in einen Stuhlmarsch.

»Reinlichkeit ist auf Reisen doppelt nötig, und daher das öftere Waschen des ganzen Körpers mit frischem Wasser sehr zu empfehlen, welches auch zur Verminderung der Müdigkeit viel beiträgt.« So riet Christoph Wilhelm Hufeland (1762–1836). Im Gelände des Klinikums Berlin-Buch steht ein Denkmal für Hufeland. Die Inschrift gibt keine Auskunft darüber, ob Hufeland jemals in Roßlau an der Elbe übernachtet und dort nach frischem Wasser gesucht hat.

Falls ein Reisender eine einfache Kraftbrühe wünscht, auf der Speisekarte aber nur eine doppelte Kraftbrühe angeboten wird – wie können die Gastronomen ihm helfen? »Ohne Wasser, glaubt mir das, wär' die Welt ein leeres Faß« (Dunajewski).

Heiterkeit ist der beste Wodka.

Die Kunst des Fliegens

… Weiß ich doch, daß du ganz genau weißt,
Was du zu tun hast, damit du fliegst.
Wenn du so leicht in den Lüften kreist,
Ein wenig wippst und ein wenig dich wiegst,
Fehlt nur noch, daß du trillerst und singst
Wie ein Vogel im erdfernen Glück.
Ach dann scheint uns: Am liebsten gingst
Du gar nicht wieder zum Boden zurück …
    Joachim Ringelnatz

Die Kunst des Fliegens wird hauptsächlich in zwei Formen praktiziert: Entweder man benutzt ein Flugzeug, oder man fliegt selber.

Die letztere Art wird vor allem von Vögeln bevorzugt (die nur selten in Käfigen mit Aeroplanen transportiert werden). Der Vogelflug ist zweifellos die sicherste Art des Luft-Reisens. Man hat bislang noch nie davon gehört, daß beispielsweise eine Waldohreule entführt oder ein Wiedehopf durch Bedrohung mit einer echten oder unechten Handgranate zur unfreiwilligen Landung gezwungen worden ist. Steinadler und Großtrappen sind von Funkfeuern, Start- und Landebahnen sowie von der Tätigkeit beziehungsweise den Streiks irgendwelcher Fluglotsen relativ unabhängig. Und Tauben werden im allgemeinen nur dann abgeschossen, wenn sie zu eben diesem Zweck aus Ton angefertigt worden sind.

Ein Flugzeug benutzen kann nur, wer mindestens über drei besondere Gaben verfügt: unendliche Geduld, Gummibeine und die Fingerfertigkeit eines Zauberkünstlers. Geduld ist vonnöten, weil man mehr Zeit zum Warten als zum eigentlichen Fliegen braucht, ferner bei der seelischen Verarbeitung der üblichen Verspätungen und drittens im passiven Umgang mit Zollbeamten. In ihrer einzigartigen Umstandskrämerei werden die Zollbeamten nur noch von einer anderen Spezies pflichtbewußter Dienstmenschen übertroffen, nämlich von Zollbeamtinnen. Die Beine kann in den meisten Flugzeugen bequem nur jemand unterbringen, der beim Zirkus oder Varieté eine mehrjährige Ausbildung als Kautschuk- oder Klischnigg-Artist genossen hat. Moderne Flugzeugsitze sind in der Regel für Zwerge konstruiert. Die perfekte Fingerfertigkeit braucht der Fluggast aus zwei Gründen: erstens, um die Falltüren zu den Flugzeug-Toiletten zu öffnen (eine Verlegenheit, in die er allerdings selten kommt, weil Flugzeug-Toiletten, wenn man sie braucht, immer besetzt sind), und zweitens, um auf dem nudelbrettgroßen Plaste-Klapptischlein das in Plaste-Schachteln servierte Menü mit Hilfe von Plaste-Bestecken zu verzehren. Der Hauptbestandteil dieses Menüs ist bei allen Fluggesellschaften dieser Welt das Plaste-Keulchen eines Zwerghuhns. Die dazu gereichten Getränke sind zwar von flüssiger Konsistenz, schmecken aber wegen des Becher-Materials auch wie Plaste. In besonderen Glücksfällen, die sich im kurzen Leben des Menschen nur selten ereignen, kriegt man ein echt gläsernes Glas mit Kognak. Dieser muß natürlich extra bezahlt werden, und zwar in Valuta-Währungen, die durchschnittliche Flugreisende nur vom Hörensagen kennen. Aus den obigen Bemerkungen dürfte hervorgehen, daß der Mensch gut daran tut, selbst zu fliegen. Das hört sich schwieriger an, als es tatsächlich ist.

Beispielsweise ich bin schon als Knabe einmal geflogen, und zwar aus der Schule. Im Jünglingsalter flog ich (was eigentlich nicht hierhergehört) teils nacheinander, teils gleichzeitig auf Marie-Luise, Christa und eine seltsamerweise »Kruke« genannte junge Krankenschwester, deren tatsächlicher Vorname mir entfallen ist. Diese luftigen Abenteuer waren indes ohne große Bedeutung und hatten keinerlei Einfluß auf meine späteren Flugkünste.

Es ist so einfach zu fliegen! Mir gelingt das wie im Schlaf! Traum-Flüge sind mühelos, absolut unabhängig vom Wetter und können jederzeit ohne Gefahr glücklich beendet werden: Man öffnet die Augen und findet sich in seinem Bette wieder.

Vorher aber flog ich über graugrüne Meere, blendendgelbe Wüsten, verrottete Städte und andere Friedhöfe, durch das Schweigen und die klare Luft über weiten dunklen Wäldern, hielt Rast auf der Kuppel des Berliner Doms, um eine Schmalzschrippe mit Harzer Käse zu verzehren, und spuckte wohl auch zwischendurch kraftvoll und fröhlich auf den Bahnhof neben dem Flughafen Schönefeld.

Eines Nachts weckte mich meine Frau und sagte: »Soll ich dir ein Glas Tee bringen? Du hattest einen schrecklichen Hustenanfall!« Die Gute! Sie konnte nicht ahnen, daß ich noch vor wenigen Sekunden in Washington gelandet war, um dem dortigen Kriegsminister gründlich was zu husten.

Ein günstiger Startplatz ist auch die schöne Terrasse jenes leicht vergammelten Berghotels. Dort beginne ich, wenn sich die Dämmerung zur Nacht wandelt, mit meinen Zauberflügen – begleitet von Uhus, Nachtigallen, schwarzen Schwänen und grünlich phosphoreszierenden Purzelhühnern. Auch kleine Raubtiere sind am Himmel anzutreffen. Einmal sah ich einen schnurrbärtigen Flug-Iltis, der auf einem verrosteten Bratwurst-Grill dem Mond entgegenstrebte. So weit wollte ich ihm allerdings nicht folgen, denn wer weiß, ob es auf dem Mond Bier gibt, nicht wahr?

Adolf Born, der dieses schöne Buch und viele andere gemacht hat, hält nichts von Flugzeugen. Er bevorzugt die Eisenbahn. Will er aber in die Lüfte steigen, so ahmt er die Vögel nach. Freilich, seine Phantasie-Flügel sind aus Zeichen-Federn gebildet.

Die Kunst
des Umgangs mit Koffern

besteht vor allem darin, diese Gefäße mit Dingen vollzustopfen, die man während der Reise nicht braucht, zum Beispiel mit Sling-Pumps (besonders im Gebirge ungeeignet), Kameras ohne Filme, einer großen Flasche Hustensaft (die von vornherein durch geheime magische Kräfte dazu bestimmt ist, im Inneren des Koffers zu explodieren und auf den hellen Oberhemden auszulaufen, was die unverwechselbare »Imidin«-Duftnote hervorzaubert), ferner mit mehreren runden Pappschachteln mit jeweils sechs Portionen »Schmelzkäsezubereitung mit Schmelzsalz« (vom Typ »La vache qui rit. Die Kuh, die lacht«) – aber welche Kuh lacht denn, während man das ganze Zeug im Koffer mit sich herumschleppt?

Natürlich sind in unserem Gepäck auch die in flexibles Leinen gebundenen und für jeden Urlaub unentbehrlichen »Vorläufigen Rückblicke auf mein bisheriges Leben« von Prof. Hanns Anselm Thunfisch, Leiter des Instituts für Grätenkunde in Bad Unkeroda bei Warmennordheim (Salza) enthalten: Dies ist insofern ein bemerkenswertes Buch, weil es außerdem zur Korrektur der Druckfahnen-Abzüge verpflichteten Verfasser noch nie ein Mensch zu Ende gelesen hat.

Die Koffer werden mit sogenannten Kofferschlüsseln versperrt, welche nicht funktionieren, was aber unerheblich ist, weil man die Kofferschlüssel sowieso unterwegs im Eisenbahnabteil oder im Autobus verliert.

Das Öffnen der Koffer erfolgt später mühelos mit Hilfe eines Schraubenziehers, den man sich beim Hotelportier gegen Entrichtung von zwei oder drei Gläschen Weizendoppelkorn ausleihen kann. Während des Urlaubs ruhen die Koffer auf dem Spind und nehmen dort eine zwei bis drei Zentimeter starke Staubschicht an, die nur hier und dort von toten Fliegen, Wespen oder Kakerlaken verziert wird.

Vor Antritt der Rückreise werden die Koffer, ähnlich wie Gänse, gestopft, allerdings nicht mit Äpfeln und Gewürzkräutern, sondern mit Souvenirs. Zum Beispiel: drei aus Baumwurzeln geschnitzte Waldgnome; ein fünf Kilogramm schwerer Bildband über die Geschichte der Mentholburg mitsamt einer vom heiligen Mentholius persönlich besprochenen Schallplatte; ein vom dienstältesten Ortsbäcker Kraftmut Kapherr eigenhändig erbackenes Original-Kümmelbrot (ohne Zusatz von Kümmel – Sonderanfertigung!); zwei Paar traditionsgebundene Wanderschuhe mit Rücktrittbremse und ferner fünf erzgebirgische Stullenbretter mit brandgemalten Aufschriften: »Mei Dipps* – wie bist du schii**!«
* Gemeint ist Dippoldiswalde
** »Schii« soll dort soviel bedeuten wie »schön«.

Falls es einem wider Erwarten gelingen sollte, die Koffer nach Beendigung der Reise bis nach Haus zu schaffen, so kann man sie wegwerfen, weil sie kaputt sind. Darum muß man sich im Normalfall nicht bemühen, weil sachkundige Mitarbeiter der verschiedenen Gepäckabfertigungen von Berufs wegen mit der Zerstörung der Koffer beschäftigt sind.

Wer Koffer nicht mag, benutze einen praktischen Rucksack. Mit diesem kann man im Wagengang eines Schnellzugs, der nicht breiter ist als dreiunddreißig Zentimeter, alle Leute vor den Kopf stoßen. Und welche Freude vermag man den Abteil-Nachbarn damit zu bereiten, wenn man – beispielsweise – ein Äpfelchen aus dem Rucksack herausfingert!

Ich habe mal so ein Kerlchen auf der Suche nach seinem Äpfelchen beobachtet. Das Äpfelchen befand sich ganz unten im Rucksack – auf der Tiefe des großen Ozeans, gewissermaßen. Zunächst beförderte der Mensch sieben Garnituren leicht angestaubter Unterwäsche (teils kariert) ans von den müden Glasscheiben getrübte Tageslicht, danach drei Hosen, einen Seppelhut mit künstlichem Gamsbart, zwei Schlafanzüge, ein Nachthemd mit Monogramm, eine Dose mit irgendeinem Pulver, etwas Rasierzeug, ein Rätselheft, eine offensichtlich total versteinerte Knackwurst. (Vorkriegsware? Aber Ware vor welchem Krieg??)

Das breitete der Kerl alles auf den Schößen der Umsitzenden aus.

Und dann – endlich! – kam der Apfel!

Das war Tells Geschoß.

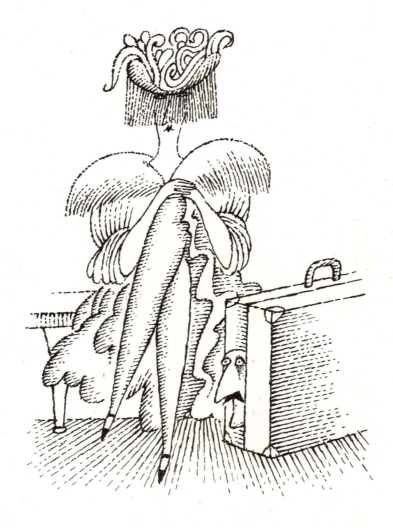

Gewöhnlicher Arbeitstag eines Dichters

Die Kunst, berühmte Persönlichkeiten zu treffen

ist verhältnismäßig leicht zu beherrschen, weil der Tourist zwangsläufig überall auf berühmte Persönlichkeiten trifft. Das soll natürlich nicht heißen, daß er den berühmten Persönlichkeiten in natura begegnet, als lebendigen Menschen sozusagen, die er mit einem kräftigen Händedruck und der Bemerkung »Guten Tag, werte Königin von Großbritannien« oder so begrüßen kann. Verstorbenen berühmten Persönlichkeiten (die meisten sind verstorben) dagegen begegnet man auf Schritt und Tritt. Erinnert irgendwo weder ein Denkmal noch eine metallene Tafel an sie, so trägt wenigstens eine Kneipe ihren Namen. Soweit ich das überblicken kann, gibt es in ganz England – was jeweils auch kundgetan wird – kein einziges Hotel, in dem Charles Dickens nicht wenigstens einmal übernachtet hat. Hierzulande gibt es meinen Informationen nach nur zwei Gebäude, an denen Goethe niemals vorbeigegangen ist: den Palast der Republik und den Bahnhof Schönefeld. Sonst war er überall – wenigstens einmal.
Es ist also ganz einfach, auf berühmte Persönlichkeiten bzw. ihren Nachruhm zu treffen; ihnen aus dem Wege zu gehen, ist bedeutend schwieriger.

Der Rattenfänger

Gruß an Eva

Ansichtskarte,

hinter Toledo eingeworfen

Aus dem Privatleben   von Robinson Crusoe

Spanische

Ansichtskarten

Gruß an Herrn Äsop

Gruß an Herrn Brehm

Gruß an Sherlock Holmes

Gruß an Herrn Molière

Gruß an Herrn Goldoni

Gruß an Herrn Offenbach

Die Kunst,
in die Vergangenheit
zu reisen

Ekkehard Sammeltasse leidet unter der Zwangsvorstellung, alle Leute, die eine entfernte Ähnlichkeit mit historischen Persönlichkeiten haben, als solche anzusprechen. Wenn ich ihn begleite, ist es manchmal peinlich: »Monsieur Napoleon, wenn ich nicht irre? Sagen Sie bitte, Majestät – wie war das denn nun eigentlich bei Waterloo?« Oder: »Wen sehe ich denn da? Das darf doch nicht wahr sein! Ein recht freundliches Ahoi, Admiral Nelson! Alter Junge, wissen Sie schon, daß Sie später mal auf dem Trafalgar Square als Säulenheiliger rumstehen werden?« Und so weiter. Ekkehard ist von seinem Spleen nicht zu heilen.

»Siehst du die drei Kerle da drüben?« Natürlich sehe ich die drei Kerle. »Es sind – von links nach rechts – Jacques Offenbach, Molière und Christoph Columbus. Soll ich dich mit ihnen bekannt machen?« Ich verzichte dankend. Ich kenne die Herren aus der Literatur und bin fast sicher, daß sie ausgerechnet auf meine Bekanntschaft keinen Wert legen würden – falls sie diejenigen wären, für welche E. Sammeltasse sie hält. Aber sein phantastisches Spiel höret nimmer auf.

»Achtung! Wnimanje! Dort kommt Josef Wissarionowitsch. Du erkennst ihn ohne weiteres an seinem typisch stalinistischen Schnurrbart.«

»Hör auf, Ekkehard!« sage ich. »Die Leute, von denen du da fabulierst, sind doch allesamt tot.«

»Für mich nicht«, sagt Ekke.

Boženci bei Gabrovo (Bulgarien)

Caughnawaga (Kanada)

Bergauf,
bergab

Wir nahmen den Segen unserer Freunde mit uns und pilgerten von Prag aus weiter. Wo ich nichts gesehen habe, kann ich Dir natürlicher Weise nichts erzählen. Nachtlager sind Nachtlager: und ob wir Schinken oder Wurst oder beides zugleich aßen, kann Dir ziemlich gleichgültig seyn.

Johann Gottfried Seume (1803)

Im Winter da schlafen die Riesen,
Bewegen keinen Zeh.
Aus ihren Nasen kommen Wolken,
Die falln herunter als Schnee.

Peter Hacks

Wir nahmen den Segen unserer Freunde mit uns und pilgerten von Liberec aus weiter. Wir aßen Schinken oder Wurst, oft auch beides zugleich; es fehlte nicht an Mehlspeisen. Aber die hätten wir auch fernab von den Bergen genießen können: ohne den Zauber der finsteren Wälder, frischen Quellen und den von freundlichen Schafen und beißendem Sonnenlicht kahlgefressenen Hochwiesen. Felsen begrüßten uns, wie es ihre Art ist: schroff. Bäche, die zwar nicht nach unten wollen, wohl aber dies aus Gründen der Schwerkraft müssen, steigen keine Treppen hinab, sondern fallen diese hinunter. Man spricht von Wasserfällen. Wasserfälle sind schön anzusehen und unterscheiden sich von allen anderen Fällen dadurch, daß man sie nicht deklinieren muß.

Zwischen Harrachov und Pec p. S. geistern im niederen Unterholz und im einsamen Kammwald seit eh und je die merkwürdigsten Geschöpfe herum: Grottenwärter. Dienst-Reisende im und außer Dienst, Feen, allerlei grimmige Bartbolde, akademische Olme, pfiffige Igel, grenzüberschreitende Schmuggelfüchse, lilafarbene Spaghetti-Libellen, Zwerge in großen Mengen, operettenkundige Bufforellen (die sich stets elegant über Wasser halten, wenn es drauf ankommt) … Ja, wir sahen sogar einige schwerfällig flatternde Rezensenten; der legendäre Rübezahl hatte sie in Mottenscheißer verwandelt.

Auf der Suche nach Rübezahl mußte auch Schweiß vergossen werden. Schon aus der klugen Zeitung hatten wir erfahren: »Gut zu Fuß muß sein, wer die Sněžka ersteigen will. 1603 Meter über dem Meeresspiegel erhebt sich auf ihrem Gipfel eine meteorologische Station, die in ihrer Form ein wenig an eine fliegende Untertasse erinnert.« Allerdings erinnerte uns die metereologische Station deshalb nicht an eine fliegende Untertasse, weil wir vorher noch nie eine fliegende Untertasse gesehen hatten. Und gut zu Fuß blieben wir, bergauf, bergab, denn wir benutzten die Seilbahn.

Auch von den luftigen Sitzen der Seilbahn winkten wir einigen Rehen, Eichhörnchen, Ringelnattern und Almkäfern zu. Sie schienen fröhlich zu sein und ließen sich von uns nicht stören; aber sie winkten nicht zurück. Vielleicht mögen sie das Winken nicht. Das einzige Geschöpf, das unseren Gruß freundlich erwiderte, war ein sächsischer Tourist in Nagelstiefeln: Er jodelte uns zu.

Die einzige wirkliche Schwierigkeit für den fremden Gast besteht darin, den Namen des Riesengebirges halbwegs verständlich über die Lippen zu bringen. Denn in der tschechischen Sprache heißt es: Krkonoše.

ist – falls man sich dort wohl fühlt (und das tun ja viele Leute) – die Heimat, von der man eigentlich nur ausgezogen ist, um zu ihr zurückzukehren: zu dem ganzen altbekannten Kram, dem immer verrutschten Fußabtreter vor der Wohnungstür, dem defekten Wasserhahn in der Küche und dem prächtigen Öldruck neben dem Bücherregal, der immer schief hängt, stets aber die »Ausweidung eines mittleren Fasans vor dem Beginn des Jagdessens« darstellt – wenn auch in von Zeit zu Zeit mehr verblichenen Farben.

Arrogant, wie zu sein ich niemals zugeben würde, darf ich mich in dieser Angelegenheit für sachverständig erklären: Ich bin ein wenig in unserer teilweise schönen Welt herumgekommen. Biesenthal bei Berlin habe ich gesehen, Neuseddin und Bernau sogar, wo auf einer älteren Stadtmauer Störche hausen sollen, die aber bei unserem Besuch mitsamt der Stadtmauer im Nebel verborgen blieben. Ja, der Bernauer Nebel! Auch weilte ich flüchtig in Washington, D. C. (Dort herrschte allerdings ziemlich dicke Luft, obwohl sich der amtierende Präsident der Vereinigten Staaten damals gar nicht in der Stadt aufhielt.)

Wir waren sogar schon einmal in Bautzen und haben dort das Theater besucht. Und was glauben Sie, wer dort auftrat? Nun, das will ich nicht ausplaudern!

Es ist so hübsch, sich wieder in jenen vier Wänden zu finden, die man »die eigenen« nennt, obwohl sie von der Kommunalen Wohnungsverwaltung mit einer wegen ihrer Gleichgültigkeit charmanten Schlamperei betreut werden … Da hat man, falls er noch funktioniert, seinen Kühlschrank, seine Bücher und Schallplatten, sein gemütliches Bett und natürlich – vor allem anderen – seine liebe Frau, die einen herzlich mit den Worten begrüßt: »Wo warst du denn im letzten Vierteljahr, du alter Schlawiner?«

Ausflug in die Schweiz

Die Kunst
des Umgangs mit Ansichtskarten

Wenn einer eine Reise tut, dann muß er den Leuten, die zu Hause geblieben sind, Ansichtskarten schicken. Dies entspricht einer uralten Tradition, für die man heutzutage keine rationalen Gründe mehr nennen könnte – wie dies ja bei vielen uralten Traditionen der Fall ist. Ist auf der Ansichtskarte ein Hotel zu sehen, so kreuzt der Reisende ein Zimmerfenster an und schreibt auf die Rückseite: »Hier (×) wohne ich.«

Es spielt keine Rolle, ob er wirklich in diesem Zimmer und in diesem Hotel oder überhaupt irgendwo wohnt.

Die Empfänger können die Ansichtskarten sammeln oder, nachdem sie die exotischen Briefmarken abgeweicht haben, wegschmeißen. Die Erfahrung besagt, daß der Reisende niemals diejenigen Ansichtskarten am Kiosk findet, welche er gern hätte. Daher haben es bildende Künstler viel besser als gewöhnliche Menschen, denn sie können sich ihre Ansichtskarten selber zeichnen.

Globetrotter

Gruß aus Luzern

Ansichtskarte

aus Kanada

Alpenabenteuer

Frühstück in Istanbul

Gruß aus Venedig

Landung

auf Korfu

Gruß aus Paris

Illusionist

Pariser   Geheimnisse

Eine kleine Nachtmusik

an der Seine

Schlittschuh-   Lustbarkeiten

Warten auf den Schnee

Grüße

vom Großvater

Winterausflug

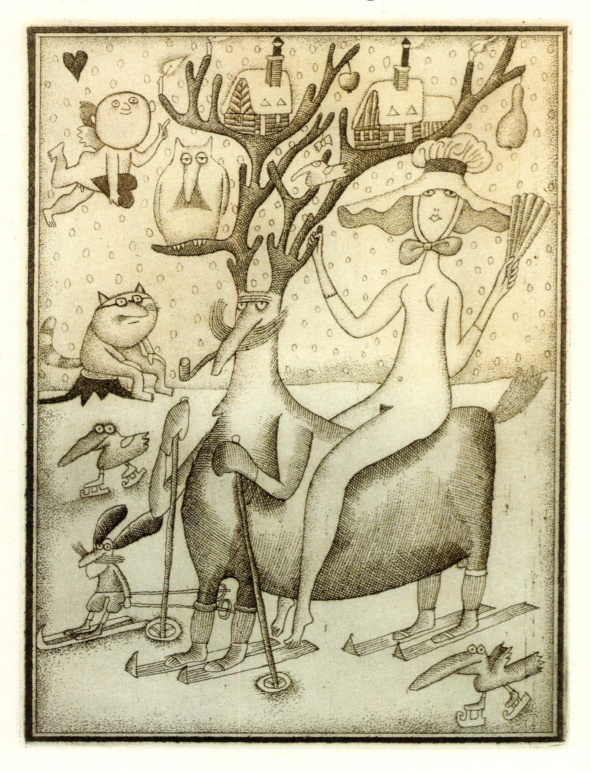

Braut aus dem Riesengebirge

Brautfahrt

eines Harrachover Jägers

zur Schneekoppe

Begegnung zwischen Winter

und Frühling im Riesengebirge

Steckbrief, Adolf Born betreffend

Gesucht wird Adolf Born, und zwar nicht erst durch diesen Steckbrief, denn Herr Born ist schon seit Jahrzehnten ein sehr gesuchter Künstler. Er hat die Geduld und den Schnurrbart eines freundlichen Seehunds, kann aber gelegentlich auch auf satirische Weise aggressiv werden. (Ob Seehunde auf satirische Weise aggressiv werden können, ist hierorts, wo man sich mit solchen Fragen nicht von Amts wegen beschäftigt, zunächst noch unbekannt.)

Die Behörde weist darauf hin, daß Herr Born durch die zumeist in seiner Nähe befindliche und wegen ihres diskreten Charmes auffällige Gattin (kurz »Frau Emma« genannt) aufgespürt werden kann. Frau Emma ist wegen der Ähnlichkeit mit ihrer ägyptischen Geschlechtsgenossin Cleopatra leicht zu identifizieren; indes haftet Herrn Born nichts Caesarisches an, oder er versteht dies geschickt zu verbergen.

Herr Born ist – wie die Untersuchungen der Behörde ergeben haben – ganz nach Bedarf zu lauten, gelegentlich aber auch zu sehr leisen Späßen fähig, in welche der Gesuchte nicht selten Philosophisches einfließen läßt.

Herr Born ist nach eigener Behauptung nicht polygam, wohl aber polyglott veranlagt. Er beherrscht beispielsweise die in Leipzig (DDR) von der Duden-Redaktion hergestellte deutsche Sprache fehlerfrei – mit Ausnahme des Wortes »Tücken«, das Herr Born mit »Tükkischkeiten« zu übersetzen pflegt. Was dies betrifft, so bittet die Behörde um besondere Aufmerksamkeit.

Herr Born ist, was ihn schon verdächtig macht, ein vielgereister Mann: Er wurde von Mitarbeitern der Behörde kurz nacheinander in Smichov, Frenštát pod Radhoštěm, Berlin-Niederschönhausen und Australien (dort als Känguruh verkleidet!) beobachtet. Man sah ihn auch schon in Gabrovo (VR Bulgarien), wo er die höchste Auszeichnung des dort stattfindenden Festivals des Humors und der Satire entgegennahm: den »Goldenen Aesop«. Herrn Borns andere Preise und Ehrungen aus aller Welt können hier, infolge des chronischen Steckbriefpapier-Mangels, nicht aufgezählt werden.

Nach Auskünften von Augenzeugen bekleidet sich Herr Born meistens mit Jeans, auf denen man die Tusch- und Tintenflecke nicht ohne weiteres erkennen kann. Er soll angeblich auch einen dunklen Anzug besitzen, den aber noch niemand gesehen hat.

CIP-Kurztitelaufnahme der Deutschen Bibliothek

Born, Adolf: [Traumreisen]
Adolf Borns Traumreisen: Dokumente e. tourist. Lust
kommentiert von Lothar Kusche,
genüßl. vor d. Augen d. Publikums ausgebreitet.
Hildesheim: Gerstenberg, 1983.
ISBN 3-8067-3005-9
NE: Kusche, Lothar [Mitarb.]

1983 Gerstenberg Verlag, Hildesheim
© 1983 Eulenspiegel Verlag, Berlin
Buchgestaltung: Matthias Gubig
Printed in the German Democratic Republic
ISBN 3-8067-3005-9

Die Kunst,

berühmte Persönlichkeiten

zu treffen

Seite 6ⁿ7